社會的另一面

蒙敏生眼中的香港1950-1980

蒙敏生　攝影
顏文斗　編著

商務印書館

本書圖片及文字由廣州集成圖像有限公司授權使用。

社會的另一面 —— 蒙敏生眼中的香港 1950-1980

攝　　影：蒙敏生
編　　著：顏文斗
責任編輯：張宇程
出　　版：商務印書館（香港）有限公司
香港筲箕灣耀興道 3 號東滙廣場 8 樓
http://www.commercialpress.com.hk
發　　行：香港聯合書刊物流有限公司
香港新界大埔汀麗路 36 號中華商務印刷大廈 3 字樓
印　　刷：中華商務彩色印刷有限公司
香港新界大埔汀麗路 36 號中華商務印刷大廈 3 字樓
版　　次：2016 年 11 月第 1 版第 1 次印刷

ISBN 978 962 07 6573 5
Printed in Hong Kong

目錄

▲ 香港左派在新界組織活動，兒童佩戴像章，手持《毛主席語錄》，同唱"語錄歌"，約 1968 年。

代序　陌生的生活世界：香港的另一面

兒時家住北角，住的是廉租屋，廣義中的“政府樓”。大部分住戶在五十年代後期遷入，屬於小白領、“打工仔”的年輕家庭。不知是否跟一些自我挑選的因素有關，邨內屬於“左派”(支持北京)人士並不多見。在我的印象之中，整個樓層就只有一戶是明顯地左傾。那個家庭很低調，基本上跟街坊沒有甚麼往來，連孩子也甚少參與走廊的活動。他們的客廳掛上毛主席的肖像，單就是這一點便引起一些鄰居的注意。在北角邨裏，這種“左派”住戶似乎是少數。

由屋邨走到英皇道上的“華豐國貨公司”和“商務印書館”只需要步行五至七分鐘。就是兩個街口之隔，整個人口組合和氣氛便截然不同了。在那裏，“左派”是多數，而我們那些自以為與左右無涉的，則屬於少數。

當然，就算當年只是在高小、初中階段的我們，也會明白社會上還有一批(親台灣的)“右派”。沒有直接的接觸，也能感受到他們的存在，而且也知道他們跟“左派”一樣，自我構成一個有組織的社會羣體(但意識形態則是強烈對比)。

而我是足球迷，挺喜歡讀本地報章的“波經”。於是，早上讀《時報》，而偶爾有機會到“大球場”觀看球賽，則會買一份《新晚報》。閱讀“波經”之餘，也會翻閱一下其他版面，印象是台灣説大陸不好，大陸説台灣不好。

香港的“左右”陣營

至於七十年代中期及以前的香港，這處殖民地也不見得是樂土。當時社會上正湧現不同類型的社會運動：學生運動、居民運動、公務員工會運動等等，當中不乏對殖民政府，以及資本主義經濟有強烈意見的團體。他們的那一種“左”，可以説是當時世界思潮中的左翼，跟上面提到親北京的“左”，有所不同。社會抗爭與社會運動的出現，給七十年代的香港社會帶來了新的政治維度 —— 過去香港的政治很大部分是國共之間的鬥爭的伸延，但逐漸在“左”與“右”的兩大陣營以外，形成了新的政治空間和議程。對很多原來自覺或不自覺地避開國共的“左右”之爭的市民來説，這個新的、建立在本地的政治議程，打開了新的可能性。而當中十分重要的影響有兩點：一是殖民政府與社會的關係，由互不相干逐漸演變為互動；二是當市民開始對政府施政有所期望之後，這個新近形成的本地政治議程成為了社會主流的組成部分，而國共政治則逐漸退至邊緣的位置。

在上述社會、政治環境的底下，於我的成長過程當中，是很清楚知道表面上少談政治、對政治並不熱衷的香港社會，其實存在很實在的、相當有組織的政治陣營。“左”的和“右”的陣營不單止意識形態鮮明，而且其活動範圍相當廣泛，涵蓋民眾生活的各個方面。從出版、報刊到百貨公司，由工會、宗親社團到體育運動的俱樂部，還有電影、音樂、學校、企業等等，差不多是無所不包，想得到的都可以找到一點“左與右”的聯繫。這兩大政治陣營自成兩個“半獨立自主”的社會系統(例如“左派”學校曾經不參與中學會考，自闢另一條升學渠道)，跟殖民政府所搭建的主流制度保持距離。

有趣的是，儘管大家都意識到“左右”陣營的存在，但對外圍人士而言，卻總是覺得他們頗為神秘，難以知道究竟裏面是甚麼樣的文化、價值、組織、生活。在六七暴動過後至 1978 年內地進行改革開放年間，“左派”更是變得低調、收藏。對像我這類所謂社會主流的市民而言，基本上既沒有興趣知道，更不會主動發現究竟“左派”是甚麼回事。簡而言之，我們是生活在兩個截然不同的生活世界，甚至在大部分時間沒有甚麼重疊。他們有自己的一套話語、價值觀、世界觀、生活方式，在很多方面(如果不是全部)剛好跟主流倒轉過來(畢竟香港是一個資本主義社會)。但作為主流社會的反面，究竟這個“左派”系統是甚麼東東(例如：進步的生活如何有別於殖民地和資本主義制度底下的普羅大眾生活呢？)，從來不作深究。

▲ 港九勞工子弟學校運動會各優勝者合影，1971 年。

熟悉環境下的陌生感

所以，我必須承認，當看見蒙敏生先生的《社會的另一面：蒙敏生眼中的香港 1950-1980》時，第一個感覺是十分陌生。不過，也正是因為這份陌生的感覺，令我對這本攝影集內的照片充滿好奇。

這本攝影集的照片取材甚廣，在城市面貌和郊野風景方面，我的感覺是熟悉的。我不懂攝影，不敢多談。直覺上覺得這類照片也有一點沙龍的味道，跟其他本地攝影師的作品有相似的地方。可是，再翻一下，則可以看到蒙先生觀察香港時很不同的角度。首先，是他對勞動和勞動者的重視(他自己選擇了礦工的造型)。第二，而且是更為突出的，是他的“紅色”選題。這裏包括兩大類：一種是人物、景物、活動的背景，這包括國慶活動、愛國團體郊遊、遊藝會、學校的運動會等。由不經意的革命揮春到背景所見的革命標語和簡體字，似乎都在提醒我：當年“左派”社區及其活動範圍，可能遠超我想像的大；如果他們是少數(明顯地，需要認真的重新估算)，也應該是有着一定影響力的少數。第二種是影室的模擬革命場面和人物。

這種革命造型攝影充分反映出蒙先生對革命的想像。模擬的場面和人物，不單止有無產階級勞動者、戲劇中的樣板造型、國內的革命人民面貌，還有裝扮為非洲革命軍、越南抗美遊擊隊的造型。是在文革時期對革命的嚮往和浪漫想像？是身處於殖民地、資本主義香港而想補一下革命課，解決心靈上的空虛？對不屬於“左派”圈子的讀者來説，這樣的創作實在難以理解和想像。那份意識形態的熱情，叫人感到陌生，同時也很難解讀當中的意思。

但對我而言，則那些造型照片，正好展示出另一個生活世界中的文化政治面貌與生活意義。那是我無法理解的，但我必須知道，那些想法曾經存在於香港社會裏面。

蒙敏生先生通過攝影而呈現出來的六七十年代香港社會面貌，在我看來是陌生的多於熟悉的。但通過那種陌生的感覺和因此而產生的距離和疏離感，又叫我知道，在上世紀六七十年代的香港社會裏，不同背景的市民生活在不同的生活世界裏面。儘管不認識，但那些東西、人物、想法都很實在的存在於香港。

呂大樂

（註：小題為編輯所加。）

代序　走近蒙敏生

▲ 蒙敏生晚年

説實在話，在知道蒙敏生先生之前，香港於我沒有多少吸引力。傳媒表達給我的香港印象就是摩天大樓、燈紅酒綠、跳舞賭馬、消費天堂、金元世界、流行文化、時尚先鋒，等等。我也知道，這只是香港的一面，猶如我身邊的媒體表達我所在的城市——充滿娛樂主義和實用主義趨向並營造出一個社會的主體景象或流行色，這個景象扭曲了大眾的生活情感和生存狀態，幸好我生活在這個城市，可以用自己的眼睛和心靈去體會這個社會。當我觸摸不到香港真實生存情感的時候，這個城市的確對我沒有吸引力。後來，是蒙先生的圖片讓我的工作和香港二字聯繫起來。

蒙先生的公子蒙嘉林在廣州做攝影工作。2004 年春，嘉林兄説他父親在香港拍了一輩子照片，有大量底片存在香港，並講了蒙先生的一些故事。這些年我和一些攝影老人交往，總是有尋寶似的快樂，他們的道德文章也有如冬日的和煦陽光溫暖着我，所以一聽到就催他“快快拿來”。當嘉林兄費了不少周折將第一批兩萬多張底片運到廣州，我立即興沖沖去看，看的時候不斷地拍案稱奇。

香港人民攝影家

這批底片絕大多數是紀實攝影，從 1950 年代到 1980 年代，記錄香港方方面面的社會生活，尤其是普通勞動人民的生活。香港的農夫、漁民、碼頭工人、作坊、工廠勞工、社會活動、有軌電車、市井茶肆、民俗風情、中產階級、港九工人運動、香港風光、香港城市建

▲ 1970 年代，蒙敏生攝於廣州。

設，等等，形成了一部連續的香港圖片史證，僅僅從歷史學、社會學意義而言，這就十分珍貴了；就圖像內容而言，蒙先生記錄的是香港的另一面，這就是：概貌之外的細節，成就底下的磨難，浮華背後的苦楚，功利之上的理想……同類相恤，他的攝影具有高度的人民性，所以我們完全可以給蒙先生加一頂"香港人民攝影家"之冕。當我第一次看到這些底片時就感嘆，直到 1990 年代，我們還相當閉塞，不知道內地之外的攝影師們在為甚麼拍？怎麼拍？拍得如何？我們將內地幾位 1980 年代開始自覺、平實記錄社會生活的攝影家稱為紀實攝影的先知先覺者，看來是我們在孤陋寡聞下對他們的一種過譽。就攝影而言，香港的蒙敏生等人覺醒更早、實踐更多、功利性更少，中國攝影史將無法忽略這樣的人物。

嘉林兄説香港家居十分逼仄，保存條件不好，不少底片已經黏連廢掉了。即便如此，他估計留存較好的圖片當在十萬底片上下。五十年，十萬底片。也就是説這五十年裏每週至少要拍攝兩卷膠卷！從他的底片來推測，1950 年代的圖片量較少，留存的底片集中在 1960 年代到 1980 年代，這三十年他每週平均使用膠卷在三個以上。他是專業攝影師嗎？他如何生存？他為甚麼能連續不間斷地拍攝？他是藝術家嗎？他自認為是藝術家嗎？在見到蒙先生本人之前，我只能聽嘉林兄描述他父親和通過瀏覽底片來揣摩。

業餘的左派攝影師

蒙敏生祖籍廣州，1919 年出生於上海，青年時代即移民香港謀生。1950 年代，他曾在電影廠短暫工作，從此他開始了他的攝影活動。後來，與人合作經營類似必勝客的飲食店，也曾做過公司普通的僱員。絕大部分時間裏，他是一個業餘攝影者，他是香港的無產者，一個勞碌的謀生者，而經濟地位很大程度上決定了他的意識形態的趨向。他是香港的左派，粵語稱為"左仔"。甚麼是香港的左派？這是很難用幾句話表達準確的。我想香港的左派有這樣幾個特徵：在情感上有強烈的民族自尊，熱愛祖國，親近內地人民；在意識形態上至少不反感社會主義、共產主義的理念，或者説他們感召於一個崇高的理想；在行動上關注、呼應內地的政治風雲，甚至表現出激進的政治狂熱，等等。以蒙先生為例，1949 年中國內地剛解放，他從香港回內地省親，在羅湖橋看見飄揚的五星紅旗時就熱淚盈眶，進而失聲痛哭，穿過羅湖橋。那一刻，他希望香港能夠早日得“解放”，擺脱殖民統治。蒙嘉林自少年時代即在廣東上學讀書、上山下鄉，後一直在廣州工作。讓自己的兒子在社會主義的紅旗下成長，這是身處資本主義香港的父親的一種刻意安排。

1997 年香港回歸的那一天凌晨，蒙敏生站在香港新界荃錦公路上，與新界民眾一起迎接中國人民解放軍進入香港。他一邊老淚縱橫，一邊用特意裝上的樂凱 400 度的膠卷記錄這日夜盼望的景象；從他的底片可以看到，他大量使用的是柯達膠卷，但對國貨有特別的情感，凡是使用“公元”、“代代紅”、“長江”、“樂凱”膠卷，底片袋就特意加上標注，使用海鷗相機拍攝的膠卷，就注明“海鷗”二字。

他是左派，因為業餘從事攝影，所以是左派攝影師。1980 年代之前，在香港，左派攝影師並非一人，可以稱為一個團體。這個團體拍攝的主要內容就是香港的人民生態，特別是勞工階層、社團生態、藝人生活等，在他們的鏡頭裏都有充分的反映。當時他們的口號是“愛祖國，用國貨”，用攝影藝術去“反映下階層”，“無情揭露港英政府”，“頂住黃賭毒”等。隨着 1960 年代中後期香港經濟發展，香港社會形態和思潮發生了大的變化，這一左派攝影羣體也隨之分化，雖然還有幾位在街頭巷尾捕捉影像，但這時候的香港攝影界已經無左派羣體可言了。

我強烈地想直接面對這位老人，於是我謀劃去香港，我需要在香港能自由地和蒙先生和我的親友交流幾天。

理想主義的感召

殖民統治下的謀生，對蒙先生的作為、立場，我彷彿一下子解開了對他的許多疑問，甚至對其左派行為的置疑。我想，一個謀生者更容易受到為勞苦大眾謀福利的理想主義的感召，並堅定地呼吸在這個羣體裏。香港的歷史包含了太多的國恥家恨，去國之後更愛國，香港左派的思想基

▲ 蒙敏生寓所內景，攝於 1972 年。

礎更多的是殖民統治下被激發的愛國主義，他們也為無產階級“文化大革命”狂熱過，但我相信這只是給了他們一個愛國主義表達和組織起來的機會。此左派非彼左派。1980 年代之前香港左派的形成有着十分複雜的民族、歷史、社會、經濟、政治、組織的背景，是一本大書，我不敢妄加評論，但我能從蒙先生的底片上看到理想的光芒、推己及類的悲憫、對資本主義的批判。難道資本主義不要批判嗎？他是業餘的，記錄是平實、自覺、連續的，極少功利性的，靠拍這些照片無法謀生，在香港也很少有發表的機會，我只能認為攝影是他的生活方式和表達方式，進而認為他的不間斷拍攝是受純粹的理想所支撐。

拜會蒙老先生

2005 年 12 月，我與嘉林兄同行到香港。抵港的第二天上午，嘉林兄安排我在茶樓拜見蒙先生，説邊飲邊談，並以此體驗香港的市井文化。嘉林兄是嶺南市井文化的專家，他大談廣州蓮香樓和香港蓮香樓的異同時，手一指，蒙先生蹣跚而來。一位香港老頭，戴鴨舌帽，穿很普通的羽絨背心，背一個質地很差的攝影包，老人家是一路拍着照片來的，觀察，然後專注地拍攝，像一個孩子玩夠了才慢慢移到桌邊。落座之後，我自我介紹，我不會粵語，由嘉林兄翻譯。老人聽了點頭，或者露出笑來。我提出問題，我談他的照片，他都似乎不懂、不答，或者顧左右而言他。我掏出我的 FM2 相機，他有些怪怪地笑，拿過去把玩。他將他的相機給我看，是一個比 FM2 更低級別的尼康相機，裝一個變焦鏡頭。嘉林兄説：“香港作為自由港，照相器材豐富又便宜，1960 年代相機就普及到家庭了。他以前有很多好的相機，這些年老糊塗了，天天要出去，照相機不離身，但是不斷丟失，丟完了就在舊貨攤上買了這個相機。他一輩子恨日本人，堅決不用日產相機。現在也分不清日本與德國了。相機現在對他就是一個離不開的玩具，走到哪裏就帶到哪裏。”我要給他拍照，他擺手，我再次示意給他拍一張照片，他堅定地擺手，然後專注地吃，並幾次孩子似的向嘉林兄要豆沙包之類的茶點。廉頗老矣尚能飯，但思維能力明顯衰退。

早茶畢，我陪他步行回家去，他也是邊走邊拍，遇到感興趣的事情就舉相機。我趁他專注攝影的時候給他拍了張“工作照”。走上一個過街天橋，街邊有大樹，樹葉在冬日陽光和微風中搖曳着銀光，老人指給我看，嘴裏唸叨“菩提樹，菩提樹”，我方知這是菩提樹。他要我站在轉角平台欄杆處，用手指比畫這條直角拐彎的欄杆的走向，大概是説這條下行並轉角的欄杆可加大景深，我很驚詫他相機在手時的清醒。菩提樹前，他給我拍了張“留念照”。回到廣州，我給幾個關心他的朋友發郵件説：“蒙先生已是耄耋高齡，談往事已經理事不清，然唯有相機在手，則神清氣爽，至今拍攝不輟，可見攝影已深入他的骨子。”

他家還在香港政府建造的公屋裏，很狹小，桌椅板櫈使用的都是可以收放的那種。我打開電腦給他看已經掃描的片子，他似乎不認識自己的片子，笑一笑進到他的房間。嘉林兄説，他耳朵重聽，也不願意和我談往事。而我，語言不通更增加一層交流的隔膜，當時我還有個直感，就是老人家認為我們不能理解他們那一輩的人，不願意和我們交流，裝糊塗的成分也是有的。糊是糊塗了，但不至於一塌糊塗。這一點後來他接受香港《明報》採訪的表現證實了我的直覺，關於“文革”中的香港，《明報》記者寫道：“是的，每當要追問下去，不論敏感不敏感的話題，蒙敏生不是把空氣凝定，便是搬出老話：‘有的事，要保留。’倒像恐怕問出心底甚麼令人不安的隱衷。沉默良久，‘有的不堪回首，有的，還是要重溫的。’”

要“重溫”甚麼？社會的理想？普世的信仰？我想是的。

革命狂熱的痕跡

我和蒙先生彼此一照，知道蒙先生不想説或説不了，便去了香港的新界看我的伯父。他 1950 年代從毛里裘斯國坐上一艘貨輪偷渡回國，在北京讀書，在河北和廣東工作，“文革”期間被誣陷而受牢獄之苦，1970 年代末迫於生計舉家遷往香港，半百之年開始做苦力，後來做小職員。現在他也垂垂老矣，因中風而行動不便。我去後，他很高興，很通達地給我言説過去，他説很久沒有機會談這麼多話。他年輕的時候，在毛里裘斯就是個左派，發表詩歌文章，一心向着北京。他的經歷也可以部分詮釋香港的左派攝影師的“左跡”。如果我們談“左”色變，是我們沒有析清真左派和假左派，將左派和理想主義者混淆，是我們被實用主義俘虜而逃避崇高，甚至清算理想。蒙敏生們的人生是值得尊敬的，因為他們是身處崇尚自由經濟的資本主義環境而選擇、傾向於一種被後來否定的“革命”。即使説他們是一種狂熱，至少也可認為他們很大程度是由於一種崇高的理想主義的感召。從他們的言行可以感受到，兼濟天下的理想主義在任何時候、任何社會都是有感召力的。他們希望社會事務向左，經濟活動向右 —— 他們的豐富閱歷給了他們這樣的體驗，也決定此“左”非彼“左”。

蒙先生記錄攝影中有大量關於新界鄉村的景象，正好我叔公一族居住元朗鄉村，我是非去不可的。我的叔公將我領到後院，指點着久已閒置的菜地、雞籠、豬圈給我看。蒙先生攝影中務農的景象已經消失，但香港的鄉村，舒朗、潔淨，傳統還在。元朗是客家人聚區，叔公的家中，門前門後，屋裏屋外，大大小小有上十個神位。堂叔笑説，兩位老人每天要燒幾十炷香才能將所有的神靈孝敬一遍。看蒙先生的照片，我曾驚詫香港客家傳統的完整，這次算是一個印證。

其時，正好堪薩斯大學藝術與設計系的劉博智教授在香港，他在香港長大，“不甘過牛馬生活”而奔到美洲打拼。他的老屋就在老街區，他帶我到老街轉悠，到最香港的市井，算是給我補蒙先生作品的背景課。

紀實混合超現實風格

寫到這裏，我想關於蒙先生的紀實攝影的動機，多多少少我們能揣摩一些了吧。他的攝影作品大量的是紀實一類，我在看第一批底片時曾給他貼上紀實攝影家的標籤，隨着更多的閱讀，我知道這是錯的。他就是一個鮮為人知的攝影家，在靜物、風光、人像、紀實方面都有相當高的藝術造詣，尤其是他在攝影棚裏拍攝的“擬革命”，更是先行的前衛之舉。如果給他的作品分個類的話，一類是紀實，一類是超現實。

真正的左派總是前衛的，閃耀着理想主義的光芒。一個強烈地受到為勞苦大眾謀福利的理想主義感召的人，不會僅僅滿足於記錄革命和底層痛苦，於是他的攝影中出現一大批先鋒的置景主觀作品，其內容、水準令人震驚。他的很多作品是非實際地對革命的演繹或想像，這種“擬革命”令作品更具藝術性，於後世更有思考和針砭的意義，同時為我們觀察內地的“文革”和當時的攝影提供了極好的參照。

鏡頭中構築理想社會

香港的思想環境、物質支撐，為蒙敏生提供了創造這些作品的基礎。他基本上可以不受禁錮地、自由地按照自己的想法和趣味來拍照。在攝影棚裏搞“文革”的造型攝影，要弄出佈景，找到模特，在謀生中擠出時間，其實都是不容易的事，可見“革命”的熱情很高。但我們也看到，他們的革命充滿了遊戲感。因為他們並沒有真正置身於正在內地發生的那場災難，沒有切膚之痛，和文化大革命是疏離的，而正是這段疏離造就了這部分作品。雖然他們也捲入了這場羣體性的癲狂，但實質上，“文革”只不過是他們追求社會理想的一個契機，一個藉以表達理想的事件，一個對香港社會進行批判的道具。

據嘉林兄介紹，蒙先生回廣州探親時，看到國慶遊行隊伍裏有支持非洲革命的造型，回到香港就找了兩個到過非洲的船員裝扮黑人，拍了《非洲人民的覺醒》。看了紅線女主演的《山鄉風雲》，就在廣州買木頭手槍、買衣帽回去拍《女遊擊隊員》。他的造型攝影，有不少擺拍的是內地人民的生活。雖然他時常回來探親，對內地的飢餓並非一無所知(他曾記錄香港市民於 1960 年代大包大挑擠在羅湖橋回鄉接濟親友的情景)，但他擺拍的內地生活是一派健康祥和。只能說他是認同社會主義的思想，並在作品中構築他的理想社會，而理想永遠是令人尊敬的，也是作品之所以成為藝術的基礎。在這裏需要說明的是，他的這部分作品有的是獨立創造，有的是影友合力擺拍的。比如，《張思德燒炭》這幅照片。佈景是由舞台美工師出身的鍾文略先生畫的，炭窰裏的煙火效果，則是蒙先生採用電影拍攝常用的煙火手段，在煙筒裏加進“乾冰”解決的。

蒙敏生的攝影有極大的寬容度，此寬容，一是指作品涉獵廣泛，二是指創造手法多樣。他的作品中也有不少擺拍的美人，花樣年華，奪人心魄，經過近三十年的發酵，青春更醇香。我有時候想，這些美人和革命大多拍於先生半百之際，此等年紀，還那麼開明、單純，充滿理想，激賞於美麗，我們後輩能做到否？我們在連州國際攝影節上以“革命與浪漫”為題為蒙先生策展，也有要表達他的寬容度、表現他在香港的生活創作狀態的意思。

由於視點、對象、手法的獨特，加上時間的窖藏，蒙先生的作品拂去塵封，即令人耳目一新。但我們也發現，他的作品很容易被認為是左派狂熱或者僅僅被認為是新奇好玩。我以為，作為一個業餘攝影者，能五十年不間斷地記錄香港，從紀實到超現實，構築自己的理想社會，此等純粹，不是僅僅用左派狂熱能解釋的，其深層次還是基於理想主義的動機。

我曾想再次到香港去拜訪蒙敏生，但 2006 年 11 月，蒙先生突然中風，已不能言語。他在連州國際攝影節上拿了金獎的消息，也不能傳遞給他。他的作品，我們也僅整理了一小部分，這次發表的作品，從內容和時間廣度上都留有遺憾。今後，更只能通過作品的整理來逐步走近他了。

追記：

蒙敏生先生於 2007 年 6 月 11 日凌晨 2 時在香港靈實醫院去世，享年八十八歲。他從 2006 年 11 月 4 日中風躺進這家醫院，一直神志不清，完全靠鼻飼維持生命。而這七個多月裏，蒙先生在內地平地而起赫赫聲名，這些聲名於他的生命已經沒有任何意義。他生命的意義已經完全凝結在留存的近十萬底片之中，他的攝影必將載入史冊！

顏文斗

（註：小題為編輯所加。）

第一章 社會的斷面

1968 年，蒙敏生五十歲，所謂知天命的年紀，已經不算年輕了，但他的生活和拍攝依然青春活潑。藝術性最高的“擬革命”和“美人”序列就是在這時完成的。在蒙敏生的底片中，有從 1968 年“九一八”國恥紀念日到 1969 年農曆正月初一期間拍攝的多卷，這個階段的部分底片夾上標注了確切的拍攝時間和地點，這提供給我們揣摩他當時生活與心理的一個時間座標。雖然只是一個斷面，卻很有意思。跟着蒙敏生這個期間的拍攝路線，可以對當時香港的多個側面獲得大致的印象，也可以由此一窺蒙敏生的生活和精神狀態。

▲ 圖中的主角是蒙敏生。他於 1968 年在攝影棚裏擺出了自己所心儀的“礦工”造型，背景是“文革”流行口號“偉大的導師 偉大的領袖 偉大的統帥 偉大的舵手”，“四個偉大”當時用來稱頌毛澤東。

▶ 九龍油麻地金山樓酒家，1968 年 9 月 24 日。蒙敏生在此參加並拍攝女服工會為慶祝中華人民共和國成立十九週年舉行的敍餐活動。酒樓的披掛一如內地樣式。

世界人民心中最紅的紅太陽毛主席万歲
最光荣的偉大的正确的中国共产党万歲
忠
庆祝国庆
庆祝国庆
女服工會慶祝国慶联欢叙餐
金山樓

新金山月餅
酒

◀ 香港九龍油麻地一街市，1968 年 9 月 24 日。用鏡頭反映低下階層是香港左派攝影師的攝影理念和動力，蒙敏生這天到金山樓參加國慶敍餐，在周邊拍攝了這些市井圖像。

▲ 九龍油麻地街頭一角，1968 年 9 月 24 日。疲憊的賣水果少女坐着休息，左前方柱子旁還有一名小童在水果箱裏睡着，反映香港當時在街頭求生活的苦況。

▲ 1968 年 10 月 1 日國慶日，中環的中國銀行大廈。以《毛澤東選集》第一至第四卷佈置中國銀行正門。

▶ 1968 年 10 月 1 日國慶日，港島中環區。中國銀行大廈側立面懸掛巨幅毛主席語錄。

毛澤東選集
戰無不勝的
毛澤東思想萬歲
員會好
革命促生產

庆祝中华人民共和国成立十九周年
港九摄影界大联欢
大学毛

◁ 1968 年國慶前夕，港九攝影界慶祝中華人民共和國成立十九週年大聯歡。一邊表演節目，一邊聚餐。

△ 靠泊在維多利亞港的美軍戰艦，1968 年 10 月 6 日中秋節。這個時期越戰正酣，美軍戰艦頻繁靠泊香港休整補給。

56

◀ 1959 至 1961 年間，中國經歷“三年困難時期”，當時“大躍進”運動和其他政策失誤，導致全國性糧食短缺。圖為大批香港市民於尖沙咀火車總站肩挑糧油副食品，排隊搭乘火車回內地省親接濟同胞。

▲ 六十年代末，中國內地文化大革命初期，香港市民正參觀有關“文革”的展覽。

▶ 1968 年 10 月 6 日中秋節，蒙敏生和朋友們去大嶼山遠足。這卷底片的自製片夾上説明如下："爬山俱樂部隊友於 1968 年中秋節日從羅漢塔山夜攀鳳凰主峰。觀賞本世紀最後一次中秋月食。領隊者鍾庸大夫，同行者有孫寶富、蒙敏生等十三人，其中有兩名女'闖將'。"

▲ 照片的主角相信就是蒙敏生所言的"兩名女闖將"，"闖將"是典型的"文革"詞語，1966 年發動文革的決定文件中，就用"闖將"形容紅衛兵。

◀ 新界鹿頸村海邊，1969 年 2 月 17 日。這是一次勞工階層的嘉年華會，港九報販旅行團正在進行革命文藝表演。這月初一，蒙敏生的家眷都在廣州，他則在港度過另類“革命化”春節。

▲ 1969 年 2 月 17 日，港九報販旅行團在新界鹿頸村野炊。蒙敏生曾對兒子嘉林談起，香港左派聚會會吃“憶苦餐”。主要是“肥豬肉煮白菜”。此時鍋裏煮的可能也是這種菜。

▲ 長洲小屋，1969 年 2 月 18 日正月初二。小屋門上張貼着用簡體字書寫的毛澤東《清平樂．六盤山》詞：

天高雲淡，望斷南飛雁。
不到長城非好漢，屈指行程二萬。
六盤山上高峰，紅旗漫捲西風。
今日長纓在手，何時縛住蒼龍？

▲ 1969 年 2 月 18 日正月初二，長洲擺渡出行景觀。長洲出行必須靠船。圖中的搖船大嫂梳起傳統髮式，穿上傳統衣裝，新年新衣給人深刻的印象。她腳邊的小孩胸襟佩戴毛主席像章，應是跟着大人去集會。

1969 年 2 月 18 日正月初二攝於長洲，大人小孩都是新衣新裝，孩子們在玩自行車，修車的人照舊出攤掙生活。

◀ 大埔鹿頸烏蛟騰村，1969 年 2 月 18 日。寧靜安詳的田園風光與以摩天樓羣為標誌的市區有很大分別。

▲ 大埔鹿頸烏蛟騰村一戶民居，1969 年 2 月 18 日。門上的對聯有“文革”意味，“三忠”是指“忠於毛主席、忠於毛澤東思想、忠於毛主席的無產階級革命路線”。“九大”是指中國共產黨第九次全國代表大會。當時正值內地“文化大革命”的高潮。

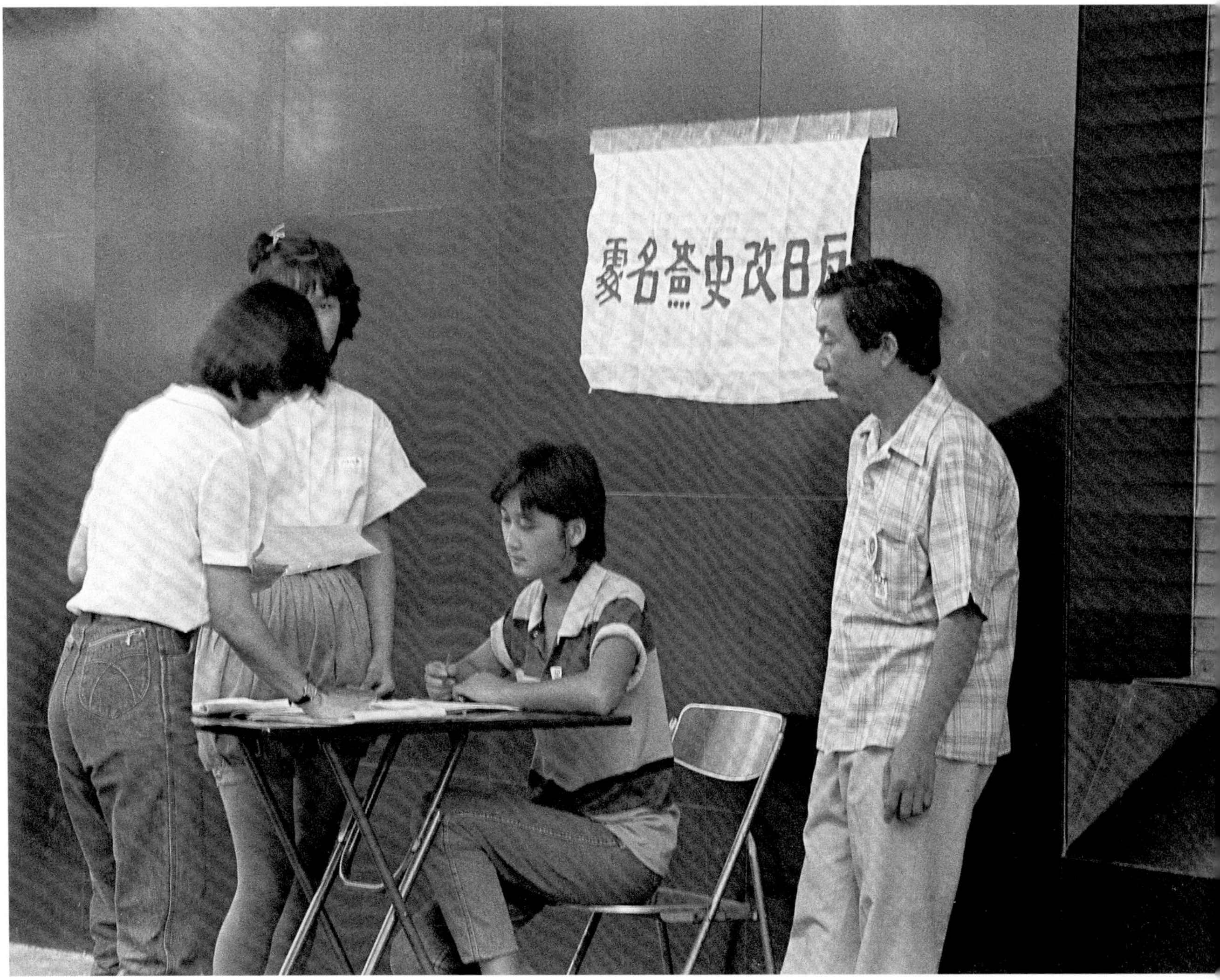
反日改史簽名處

◀ 新界元朗大棠路街頭，1982 年。反對日本篡改教科書的簽名運動橫額。

▲ 八十年代，新界街頭舉行反對日本篡改教科書簽名活動。每逢 9 月 18 日，蒙敏生都會到中環日本領事館門前，參加“九一八”事變勿忘國恥的紀念活動，在那裏呼口號及合唱《松花江上》。當日下午則到三十公里外的新界西貢，拜謁東江縱隊港九大隊抗日紀念碑。他對兒子説：“九一八”紀念活動他“年年參加，一次不落”。

东风$_3$0007

東風 1 型內燃機車進入香港九龍段，1979 年。1949 年，解放軍南下進佔廣州，中港直通車隨即停駛，該廣九綫至 1979 年 4 月才恢復運行。

第二章 革命與浪漫

蒙敏生雖說是用照片記錄下他那個時代的事件，但他的攝影絕不僅僅局限於記錄。作為左派總是前衛的，並閃耀着理想主義的光芒。一個強烈地受到要為勞苦大眾謀福利的理想主義所感召的人，不會只滿足於記錄革命和低下階層人民的痛苦，所以在蒙敏生的攝影中，出現了一大批先鋒性的、創造性的主觀作品。

蒙敏生早於 1960 年代，就大量運用前衛的創作式樣，他營造想像的、理想的、典型的生活情態。這不是簡單擺拍，而是真正的創作。另一方面，蒙敏生拍攝的香港身份，包括地點、模特、作者，又使作品平添一種含義，讓作品的內涵和想像有一份與內地對照的意味，意義豐富而有魅力。

蒙敏生的攝影作品中也有不少擺拍的美人，讓我們看到當年花樣年華的一面。革命和浪漫的組合，可說是他當時生活的兩方面。

這組作品是造詣高超的藝術品，我們也可以把它們當歷史來讀。無論是佈景擺拍的“擬革命”系列，還是風姿綽約的美人，都可以帶給我們許多信息和思考。

▲ 1965 年 10 月，蒙敏生在廣州觀看國慶遊行，遊行隊伍中有聲援非洲人民革命的造型。他回港後找了兩個曾到非洲的中國遠洋公司船員，將他們裝扮一番，在攝影棚裏拍攝了這張照片，姑且可稱為《非洲人民的覺醒》。這張作品創作於“文革”之前，説明蒙敏生在“文革”中期的“擬革命”創作是非常個人和原動的。

▲ 蒙敏生在攝影棚中的學《毛主席語錄》置景造型攝影，約 1968 年。仿照內地場景擺設，手捧《毛主席語錄》，一臉虔誠，做學習狀，書架上有當時流行的革命樣板戲《紅燈記》、《沙家浜》等。

▲ 置景造型攝影——《越南南方抗美遊擊隊員》，約1969 年。步槍上面攤開了一本畫報，是革命樣板戲《紅燈記》的劇照。這本畫報使攝影作品的戲劇信息更加豐富。

▲ 攝影棚中佈景拍攝“文革”造型 ——《毛澤東思想宣傳員》，約 1968 年。

▲ 1965 年，粵劇《山鄉風雲》面世，劇中女遊擊隊長劉琴由紅線女主演。該劇取材自解放戰爭時期發生在廣東四邑地區由中共領導的遊擊隊與當地反動武裝鬥智鬥勇的故事。作為經典現代粵劇頗具影響力，有“北有《紅燈記》，南有《山鄉風雲》”之謂。蒙敏生在廣州觀看《山》劇後，隨即在廣東粵劇院購買了木製駁殼槍，返回香港擺拍此照。

▲ 置景造型攝影──《知識青年和貧下中農》，約1969年。圖中的塑膠桶和塑膠繩當時在內地十分罕見，反觀香港那時工業開始起飛，塑膠工業是其中一大門類，塑膠產品在香港已是常見的物件。

▲ 文革初期，香港左派工會舉辦攝影活動，在攝影棚裏拍攝背景為革命風雲的“抗美援越”造型照。圖為女民兵戴着毛主席像章讀毛著。

▲ 擺拍手捧“紅寶書”閱讀的一家，1969 年。

▲ “文革”期間，香港左派組織在香港元朗鄉村遊行。前景左側有一個人揮舞着“紅寶書”，迎面而來的遊行隊伍則是一派歡天喜地。這個場景顯然有刻意安排的意味。當時香港左派的活動多瀰漫着遊戲感或戲劇性。

▲ 這照片也是擺拍的香港左派組織“搞革命”情景，畫面中間的孩子為了不擋住正面的毛主席像而需躺在草地上。畫面上有站着的、坐着的、躺着的、故作嚴肅的，和喜笑顏開的人。笑着的青年抱着一個大“囍”字，但他們在報甚麼喜呢？令人疑惑。畫面上營造出來的“革命”，在相當程度上是戲仿內地的“文革”，但他們為低下階層訴求的動機卻是真實的。

▲ 攝影棚裏的香港時尚、美麗，傳達六十年代的香港時尚信息。

▲ 這張攝於 1960 年代的人像照展現了蒙敏生高超的攝影技巧。雖然女模特兒充滿愛的目光是投向一個洋娃娃，但其內涵有撥動人類共同情感的普遍性，令整個畫面充滿着美好的母性光輝。

▲ 香港風華，1960 年代。

▲ 香港風華，1960 年代。

▲ 照片中表現油畫一般的畫質和純淨的眼睛，1960 年代。

▲ 香港風華，1960 年代。

▲ 海邊的女子，彷彿能感受到她散發出的芬芳，1960 年代。

第三章 理想的造型

“文革”波及香港時，蒙敏生等左派攝影師除了記錄左派運動，也常常搞一些革命題材的“靜物攝影”和“造型攝影”活動。他們與大華、裕華這兩間大型國貨公司有緊密聯繫，內地有“文革”瓷器或雕塑運到香港，國貨公司第一時間通知他們，讓他們進行創作攝影。這些攝影師以“文革”瓷器為主體，再加上佈景營造出革命主題。所以，在蒙敏生的作品中，有一批以“文革”瓷器為基本道具的圖像。

香港的左派和內地的“革命羣眾”有相當的差異，但在“文革”影響下，1967年5月，香港左派發動了一次對抗英殖民政府的暴動，遭港英政府鎮壓。當時的參與者稱之為“反英抗暴”。事件由最初的罷工、示威，發展至後期放置炸彈。

▲ 張思德燒炭。

▲ 老貧農學毛著。

▲ 海島民兵。

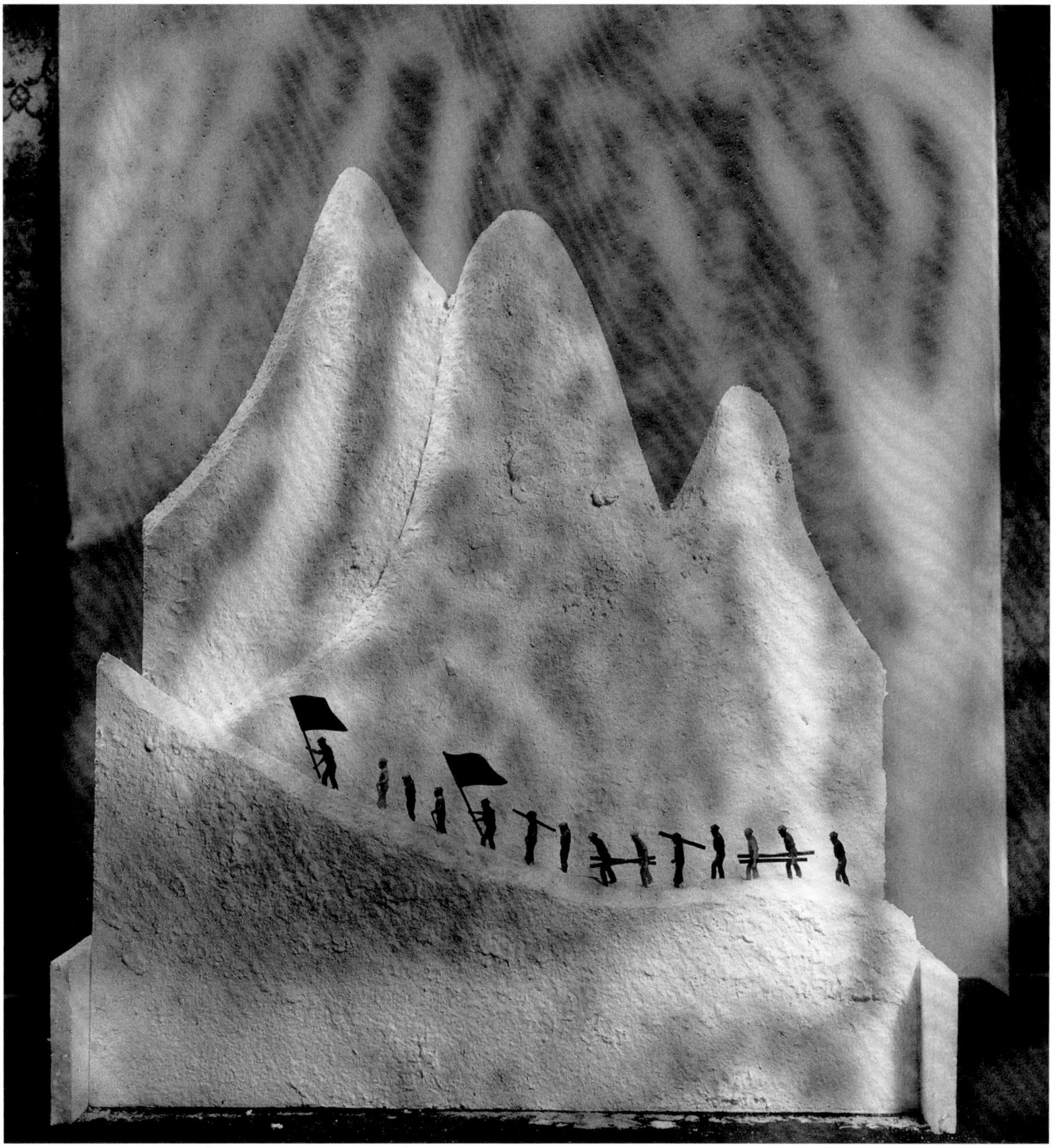

▲ 紅軍爬雪山。

▲ 20 世紀 60 年代文革初期，仿造中國大陸農業機械化的模型造型照。

▲ “文革”初期，香港左派受中國內地政治影響，組織毛澤東思想宣傳隊到大嶼山漁村宣傳毛澤東思想。圖為宣傳隊在跳“忠字舞”。

◀ "文革"期間，香港的中資機構都有鮮明的內地政治宣示。圖片中是 1970 年中華人民共和國國慶時招商局大樓的外貌。

▲ 1978 年，九龍尖沙咀星光行外，市民排隊進場觀看《中華人民共和國出土文物展覽》，展品共 136 件，港督麥理浩出席開幕式。

▲ 北角華豐國貨公司的毛澤東思想宣傳櫥窗，1969 年。“朵朵葵花向陽開，條條江河歸大海”的標語下，佈滿毛主席像章。

▲ 港島西區的貨櫃碼頭，1968 年 10 月。倉庫佈置慶祝國慶的裝飾。

▲ 香港左派在新界鄉村召開會議，約 1968 年。

▲ 一個香港左派攝影社團正進行靜物攝影，1968 年。

1960 年代，左派中學師生在新界八鄉學習內地“開門辦學”，師生到鄉村幫助鄉民插秧情景。

▲ 香港左派工人組織的一次新春遊藝會，一位女孩贏得頭獎：一部天壇型收音機，1970 年代初。

▶ 1971 年 11 月 11 日，一羣失明工友正在中環大會堂附近靜坐示威，抗議遭受剝削。

剝削剝削剝削！
再剝削！
便是香港的繁榮
CITY HALL
大會堂
不怕飢餓
不怕烈日

賀新年
一味發財
一定順利
迎春接福
對我生財
珠江牌生抽
大減價
裕華國貨公司
FRAGILE
DO NOT DROP
HANDLE WITH CARE
KEEP DRY

◀ 新年將至，九龍油麻地街頭販賣春聯，內容除了傳統的吉祥祝願，也有內地流行的革命語句，1969 年。

▲ 灣仔修頓球場舉行的港九勞工子弟學校運動會，學生在表演富有勞工特色的團體操，1971 年。

▲ 灣仔修頓球場舉行的港九勞工子弟學校運動會，樂隊使用的手風琴，清一色是天津出產的鸚鵡牌，1971 年。

热烈欢呼中国共产党第十一
大会胜利召开
港九百貨商店
工会
海上联欢
保护良种
人人有

◁ 香港左派的港九百貨商店工會為慶祝中共第十一屆全國代表大會召開舉行聯歡晚會，1977 年。

△ 1971 年春天，第三十一屆世界乒乓球錦標賽在日本名古屋舉行。在這屆錦標賽，中美開始了改變世界格局的“乒乓外交”。圖為中國乒乓球隊訪港時攝，1971 年 5 月 3 日。

第四章

漁民與海洋

香港的地理風貌是“山海之間”，它本是一條小小的漁村。漁村和漁民可說是香港的根。在蒙敏生的攝影作品中，漁村和漁民佔的比重較大，其中以大澳漁村佔最多。香港的漁村和漁港分佈在大小離島上，而在香港海域就有兩百多個離島。一個“離”字凸顯它們在地理和文化上的邊緣性質，像大澳漁村至今還有古代南海船民的後裔居住，部分仍保存着早期香港的漁村風貌。

第四章　漁民與海洋

◀ 1960 年代，大澳漁村一角。岸邊是臨水而建的棚屋，左上角處有幾幅鹽田。大澳漁港被三涌分為兩地，縱橫的水道和水上棚屋構成這裏的獨有水鄉景色。大澳曾是主要漁港和駐軍鄉鎮，百多年來為產鹽區，現已發展成熱鬧的旅遊景點。

▲ 大澳漁村直接建在兩岸的棚屋，居民以小艇穿梭來往。隨着潮起潮落，海水在排屋底下流淌。早潮時，漁船可從這狹窄的水道駛向大海，到了傍晚漲潮的時候，也可以借潮回家。

▲ 1960年代，大澳漁村的陸海交接處，房舍臨水而築，便於生產和出行。兩條海堤夾成航道，延伸到大海。山麓邊是現代化的樓房和公路。

◀ 1960 年代，漁民抬網，攝於大澳。

▲ 1960 年代，大澳漁港棚屋區，前方有曬鹹魚場。

▲ 1960 年代，大澳漁民曬鹹魚。

▲ 曬鹹魚的小女孩，1970 年代初。

▶ 大澳建於水上的"棚屋"，又叫"水寮屋"，拍攝時正是漲潮時候，1972 年 6 月 15 日。

▲ 1960 年代，在灘塗上撿蠔的婦女，她們腳下踩的是專門用於在泥灘上滑行的划板。

▶ 1960 年代，漁民往出海的漁船上裝冰塊，稱為“推雪”，帶冰塊的船會前往深海作業，往返一般需時一個月左右。

▲ 1960 年代，香港海域上的一艘傳統中式三帆船。在帆影掩映下有眾多高樓大廈。

▶ 1960 年代，東涌對開海面上的帆船和大型油輪。後方最高的為鳳凰山，右面山峰為彌勒山。

第四章　漁民與海洋

◀ 1960 年代末，背着孩子擺渡的蜑民。蜑民即水上居民，他們以艇為家，從事運輸、擺渡及漁業等。

▲ 於避風塘的蜑民，1971 年。隨着香港經濟發展，蜑民也逐漸上岸。

偉大、
的中国共産党万歲

◀ 1970 年 10 月 1 日國慶日，攝於大嶼山。漁船上飄揚的五星紅旗和掛有“偉大光榮正確的中國共產黨萬歲”標語。

▲ 大嶼山漁民慶祝中華人民共和國成立二十一週年活動，1970 年。

▲ 筲箕灣避風塘，1962 年。在颱風時供船舶避風的避風塘，成為眾多貧民以艇為屋的居住地點。

▶ 工人在檢修漁船，1972 年。

▲ 工人在造漁船，攝於 1971 年 9 月。

第五章

時尚下的傳統

香港作為國際大都會雖然時尚，但也有傳統的一面。1960 年代，香港剛步入工業化階段，此時民俗樣式仍表現得十分完整，更重要是，人們對傳統精神的依賴程度較高。在精神層面上，中國傳統的倫理觀、道德觀和家庭觀在香港傳承，甚至比內地更為完整。雖然香港在百多年裏一直處於多元文化浸潤中，但始終能保持中華文化脈絡的主流地位，同時又具有鮮明嶺南文化特色。香港作為經濟自由港和法制較完備之地，為保存多元文化提供了土壤。而香港擁有眾多離島的自然地理條件，為傳統文化面對現代社會的侵蝕，起到一定的屏障作用。直至今天，傳統文化在離島上往往能夠保存，表現更為突出。

福德宮

◁ 大澳漁村，1969 年。宮廟前有一口井，它不僅提供食水，也是村落的情感和信息交流的平台，是村落社會關係的一個表徵。

△ 1969 年 2 月 18 日，攝於長洲。島上民居窗戶掛着年貨，透出過年的氣氛。

◄ 大澳漁村，1969 年。傳統服飾和傳統育兒方式。這樣背起孩子可方便到田地耕作，或上船搖櫓。

▲ 長洲的端午節龍舟賽，1972 年 6 月 15 日。漁民相信海底有龍王，漁民賽龍舟是出於對大海的依賴和崇拜，並祭祀水鬼水神，祈求海上平安，漁穫豐富。

民國
民國
民

◀ 長洲“出會”，1972 年 5 月。“出會”即太平清醮會景巡遊表演，選定每年佛誕舉行，是十分著名的民俗活動。

▲ 香港是華洋雜處之地，長洲“出會”巡遊表演也加入西洋元素，1972 年 5 月。

長洲的舞獅人，1972 年。

◀ 1960 年代，客家農婦標準形象。客家人有着高度的族羣認同感，並對自家文化深感自豪。這種認同感和自豪有助保持傳統文化。

▲ 1960 年代，客家農居內景，有農具、竹器，還有上閣樓的梯子，梯子旁貼着“上落平安”的紅紙條。

良友
金裝良友
會員委事鄉
HA TSUEN RURAL COMMITTEE

◀ 1960 年代，元朗廈村魚塘。祠堂是村落中心，祠堂前必有一個池塘，為風水塘。這個祠堂有三進，是村裏最軒昂的建築。但現代元素不可阻擋，例如現代建制的房舍和產品廣告，已經進入鄉村。

▲ 鄉村賣菜的客家女和買菜者組成優美晨景，攝於 1960 年代。

新年快樂多歡喜
鴻禧
壽比南山
福如東海

◀ 新界一古村，1969 年。

▲ 1970 年代中期，攝於元朗。文府喜宴上合影的青年男性，清一色穿喇叭褲，時尚的衣着下卻是傳統的內涵。

第五章　時尚下的傳統

◀ 邊境地帶，市民在登山，1970 年代。

▲ 蒙敏生參加遠足活動，從東洋山俯瞰蠔涌一帶，1960 年代。

▶ 1972 年 2 月，“新風”旅行團在大嶼山舉行登山活動。“新風”是當時香港左傾人士的政治時尚詞彙。

◀ 香港龍舟比賽，1972 年。警察樂隊在海邊助興。

▲ 1972 年，於岸邊觀看龍舟比賽的人們。當時女士也開始穿着三點式泳裝，社會漸趨開放。

第五章 時尚下的傳統

◀ 淺水灣泳灘，1970 年代。

▲ 中環卜公碼頭，1970 年代末。卜公碼頭建於 1901 年，1960 年代中因填海被拆除，新卜公碼頭後來在新填地外建成，於 1990 年代初拆除，現重置於赤柱。

第六章 老幼的生活照

孩子與老人是人生的兩端，前者少不更事，後者飽歷滄桑。但他們的表情和言行，或許更接近自然天真。從他們的臉上，可以更真實地觀察一個社會的狀態。

▶ 1960 年代攝於鄉村，村民清貧但不失溫暖的生活景觀。

第六章　老幼的生活照

◀ 1960 年代攝於大澳，棚戶中的兒童。

▲ 1970 年代初，大澳的漁家兒童。

◀ 1960 年代，大澳的漁村兒童。以往貧困階層的孩子，一般十歲左右就要負責擔水、劈柴、洗衫、煮飯、餵豬和帶弟妹等家務。

▲ 漁村的女童小小年紀就會搖船，1960 年代。

▲ 筲箕灣成安村（現東熹苑一帶）在公共水龍頭洗衣的女童，1960 年代。

▲ 木桶作坊的小學徒，攝於香港仔，1971 年。這些木桶是給漁行裝蝦糕用的。

◁ 街頭賣鳳爪的少年。1972 年。少年臉上已經有了當家的老成。

▲ 街頭點心舖內包餃子的女童工。

長洲漁家少年，1971 年 10 月。隨着香港漁業日漸式微和工業發展，這個時代出生的漁家子弟成年後大多上岸到工廠打工。

在長洲踢球的少年，1971年10月。正值國慶期間，漁船上飄揚着中華人民共和國國旗。

Gulf

第六章　老幼的生活照

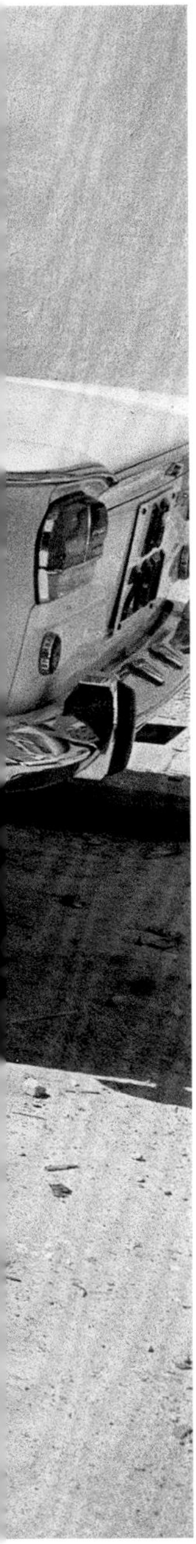

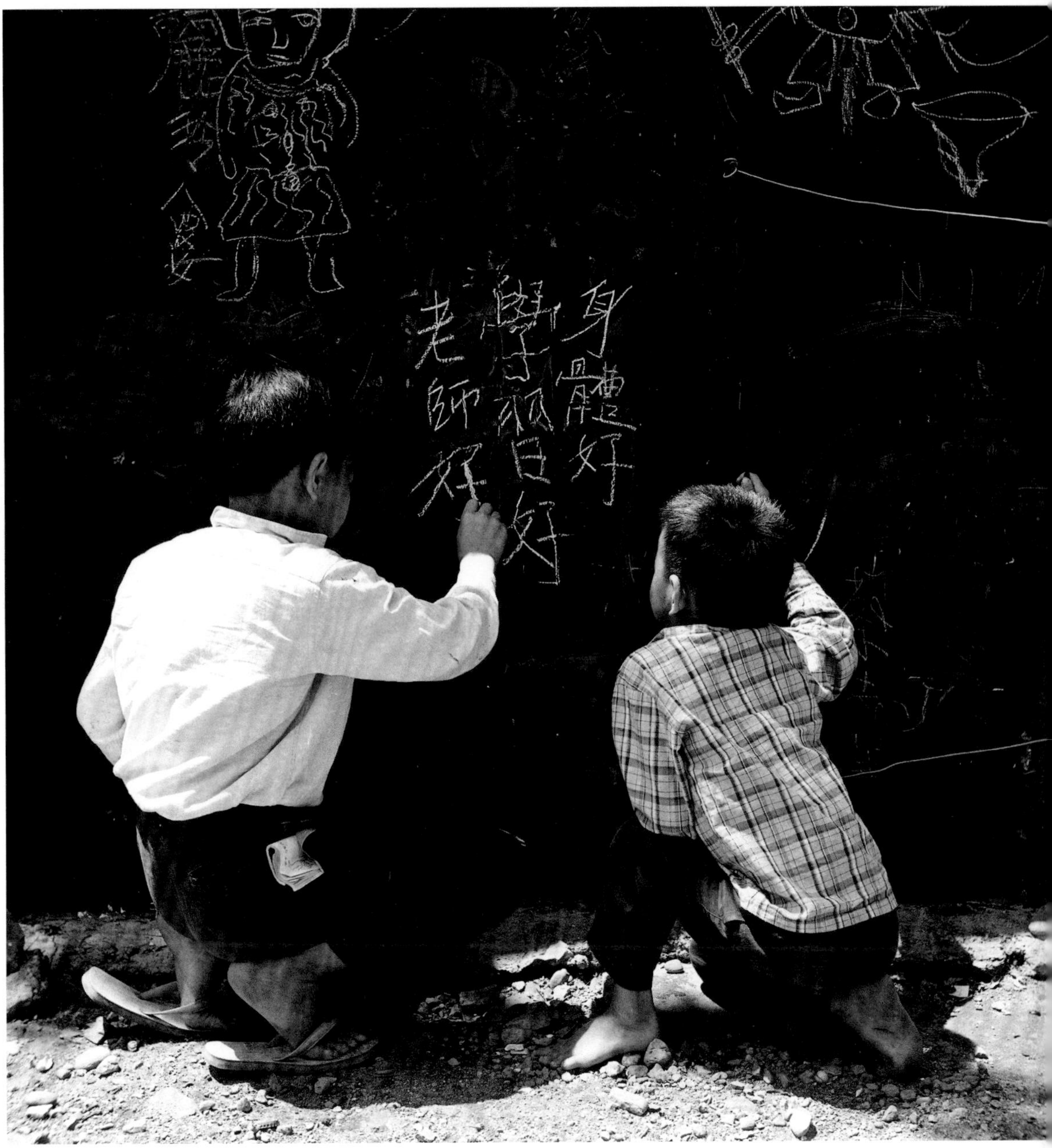

◀ 1960 年代的街頭童戲。

▲ 1960 年代在街邊塗鴉寫字的兒童。

第六章

老幼的生活照

◀ 一位穿着新衣的老婦在街頭留影，1960 年代。

▲ 攝於香港街頭，1960 年代。

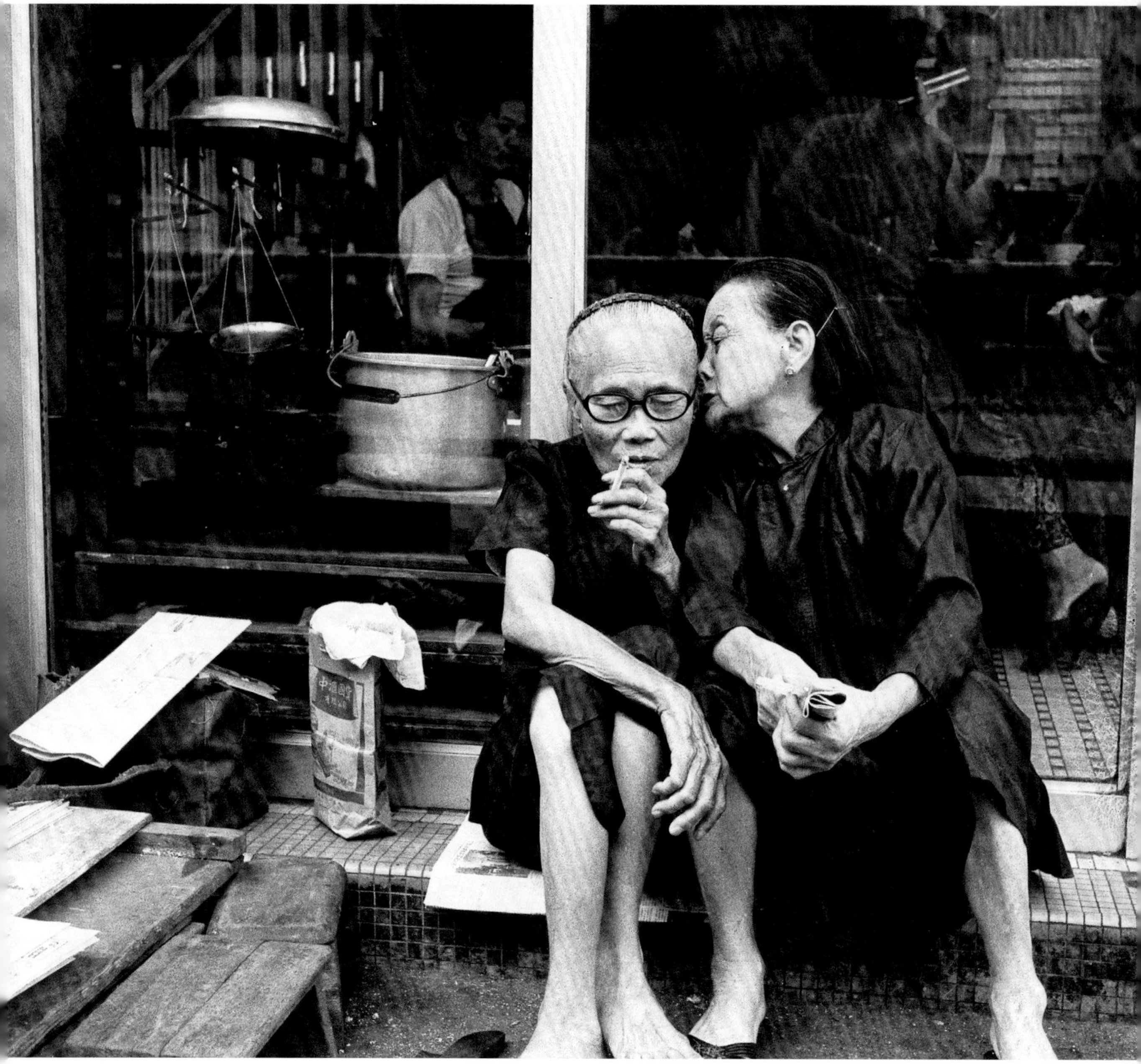

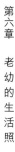

◁ 兩位老婦在報攤旁耳語，1960 年代。

▲ 一位客家婦人正在餵年幼的小孩吃飯，1960 年代。

◀ 大澳漁村裏的老婦正織補漁網，1960 年代。在漁村裏，男人負責出海打魚，女人則操持家務、養育孩子等。

▲ 坐在簡陋板屋前的老婦，攝於大澳，1969 年 2 月。門口的春聯寫着“春風楊柳萬千條，六億神州盡舜堯”，橫批是“向陽花開”。

▲ 在陶瓷作坊給陶器上釉的老人，1969 年。

▲ 坐在門口做手工活的老人，攝於長洲，1971 年。

▲ 1970 年代初，碼頭旁的一位挑夫，俗為“咕哩佬”。“咕哩”是對搬運工人的蔑稱，源自英文 coolie 一詞，是指以前殖民地或半殖民地的體力勞動者。

▲ 兩位老人合照，1969 年 2 月。

第七章 勞工生態

早期的香港以轉口貿易為主，圍繞轉口貿易的航運、碼頭、倉儲和船舶修造等行業比較發達，近代香港勞工主要是為上述行業和市政工程提供勞務。勞工主要由產業工人、手工業工人、店員和船民艇夫等構成，他們絕大部分來自內地，大多是廣東破產的農民、城鄉手工業者和近海船民之家。

香港在二戰後步入工業化軌道，迅速由港口變為以工商業為主的社會。工商業的高速發展也使勞工羣體高速度增長。1960 年代，勞工權益、福利和生活水平逐步改善，但整體而言，勞工階層卻沒有同步分享到經濟發展的成果，仍然處於社會的低下層。

1970 年代，俗稱“叮叮”的電車，攝於灣仔莊士敦道。電車自 1904 年起便在港島北部沿海岸線運行，至今電車仍是香港具效率及最經濟實惠的公共交通工具。

INDESIT
金冠
CYMA
UTOMATIC CALENDAR
Standard
better results
104
天天儲蓄
一生幸福
保証滿意 永無顧慮
嘉華銀行
THE KA WAH BANK LTD

第七章 勞工生態

◀ 走在街頭的勞工，攝於上環干諾道中，1960 年代。

▲ 市政工人在路邊小憩，攝於佐敦，1960 年代。

第七章　勞工生態

◁ 在建築基坑中勞動的工人，1970 年代。

▲ 一羣建築工人，攝於中環，1970 年代。後方的舊郵政總局非常有特色。

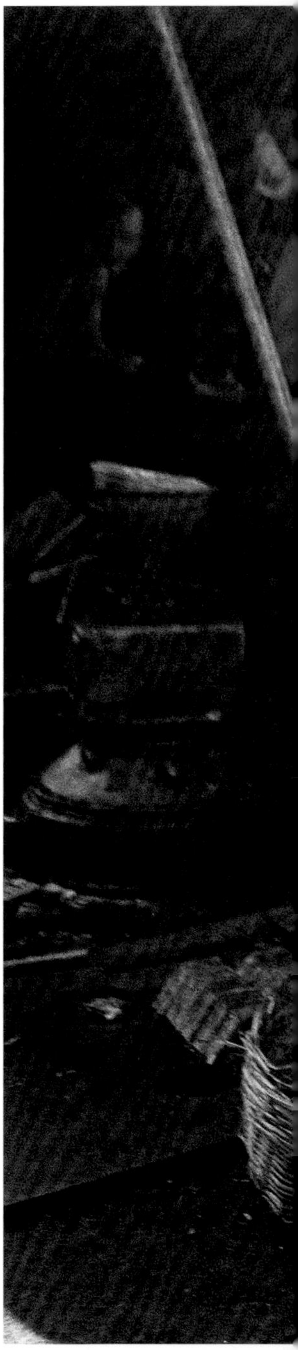

▲ 在碼頭挑磚的女性，1960 年代。

▶ 船塢工人，1960 年代。香港藉港口發展，產業工人最早在英國人經營的近代企業出現，其中以船舶修造業最為集中。

▲ 燃油行的工人用原始方法把油品搬到高處的儲存倉，攝於香港仔，1960 年代。

▶ 街頭的搬運工人，1960 年代。

GOODS VEH
TSAHG MAN
SHAKIMAN RD. 302 3/F
30 M.P.H.

第七章　勞工生態

◀ 九廣鐵路的工人，1970 年代初。

▲ 往船上裝貨的船家，攝於大角咀，1970 年代初。

▲ 跑馬地大球場散場後的觀眾，1970 年代。

▶ 街頭賣雞小販，攝於中環，1970 年代初。

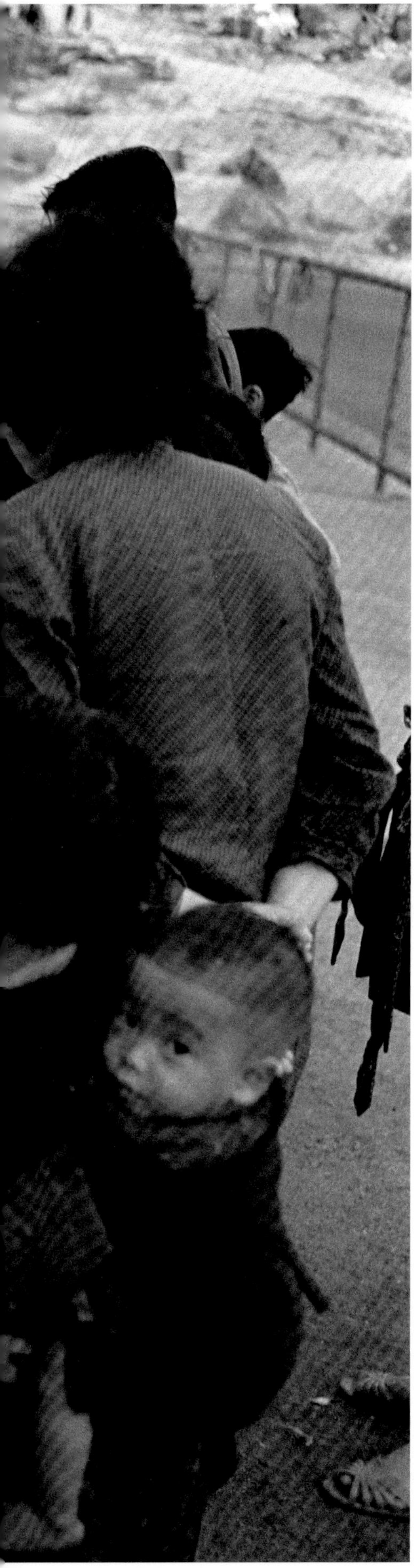

在街頭小吃攤忙碌的攤主，1970 年代初。

第七章　勞工生態

◀ 一間電視機銷售店，1976 年 9 月。正在收看毛澤東逝世新聞的人羣。當時黑白電視機開始在香港家庭普及，一台 17 吋的電視機只需 790 港元，更可以接收國內電視節目。

▲ 20 世紀 70 年代，香港已可轉播中國中央電視台的節目。圖中一羣路人正在電器店外觀看中央電視台的轉播。

16

◀ 在巴士站候車的市民，攝於佐敦道碼頭，1960 年代。

▲ 雨中送伙食的工人，攝於佐敦道，約 1969 年。

▲ 街頭的維修攤檔，1969 年。圖中有幅“溪山大捷”的內地宣傳畫，“溪山大捷”是指 1968 年越南人民軍和美軍在越南溪山的一次戰役。

▶ 在街邊售賣氣燈的男子。

第七章　勞工生態

◀ 裁縫師傅，1969 年。當年香港有大批裁縫為顧客量身訂製洋服，部分來自上海，手工價廉物美，在世界上享有良好聲譽。

▲ 一位食品店老闆，1969 年。該店以售賣罐裝食品為主，俗稱"辦館"。

◁ 香港典型的“南貨鋪”小商販家庭合影，1970 年代初。

△ 在街邊做手套的一家人，1960 年代。六七十年代，香港工業起飛，因而衍生了大量的家庭手工業。

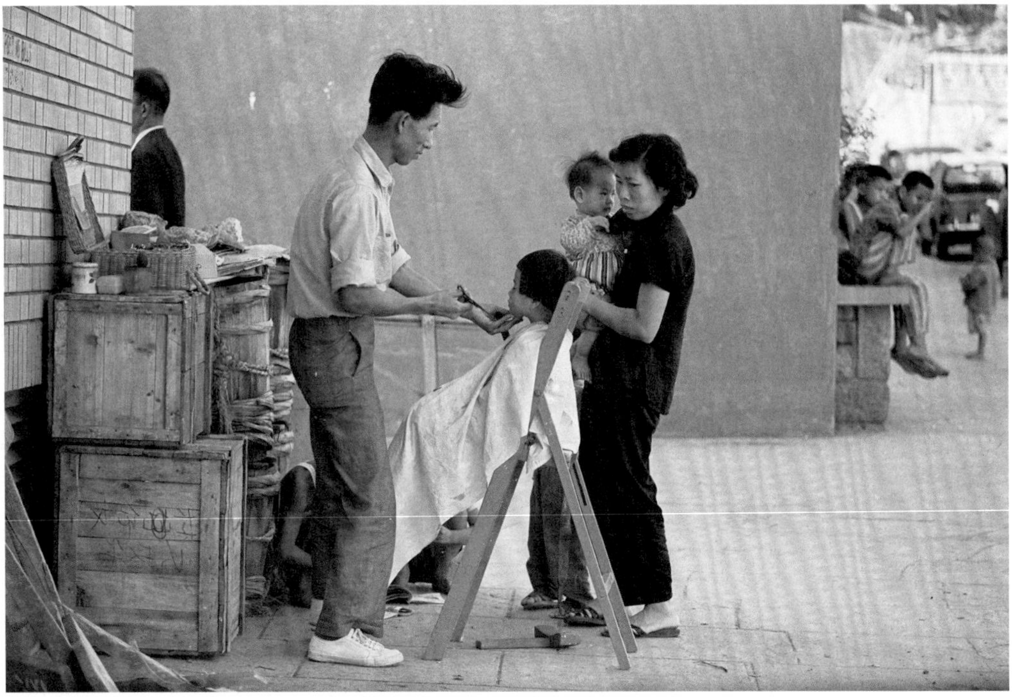

▲ 街頭理髮攤，1970 年代。

▶ 元朗大棠路街景，1982 年。元朗、大埔、上水、屯門、荃灣等地都是客家人聚居地，從內地到香港謀生的客家人往往在上述地區落腳。

TO-DAY
POLICE
中國人打中國人
清朝野史
CYANAMID
大生行

▲ 元朗鄉村中，背着孩子摘空心菜的婦女，1960 年代。

▶ 勞工疲憊，枕地休息，1970 年代。

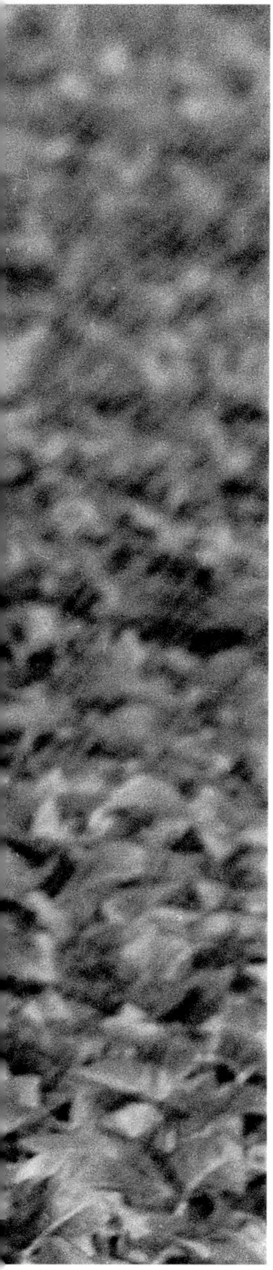

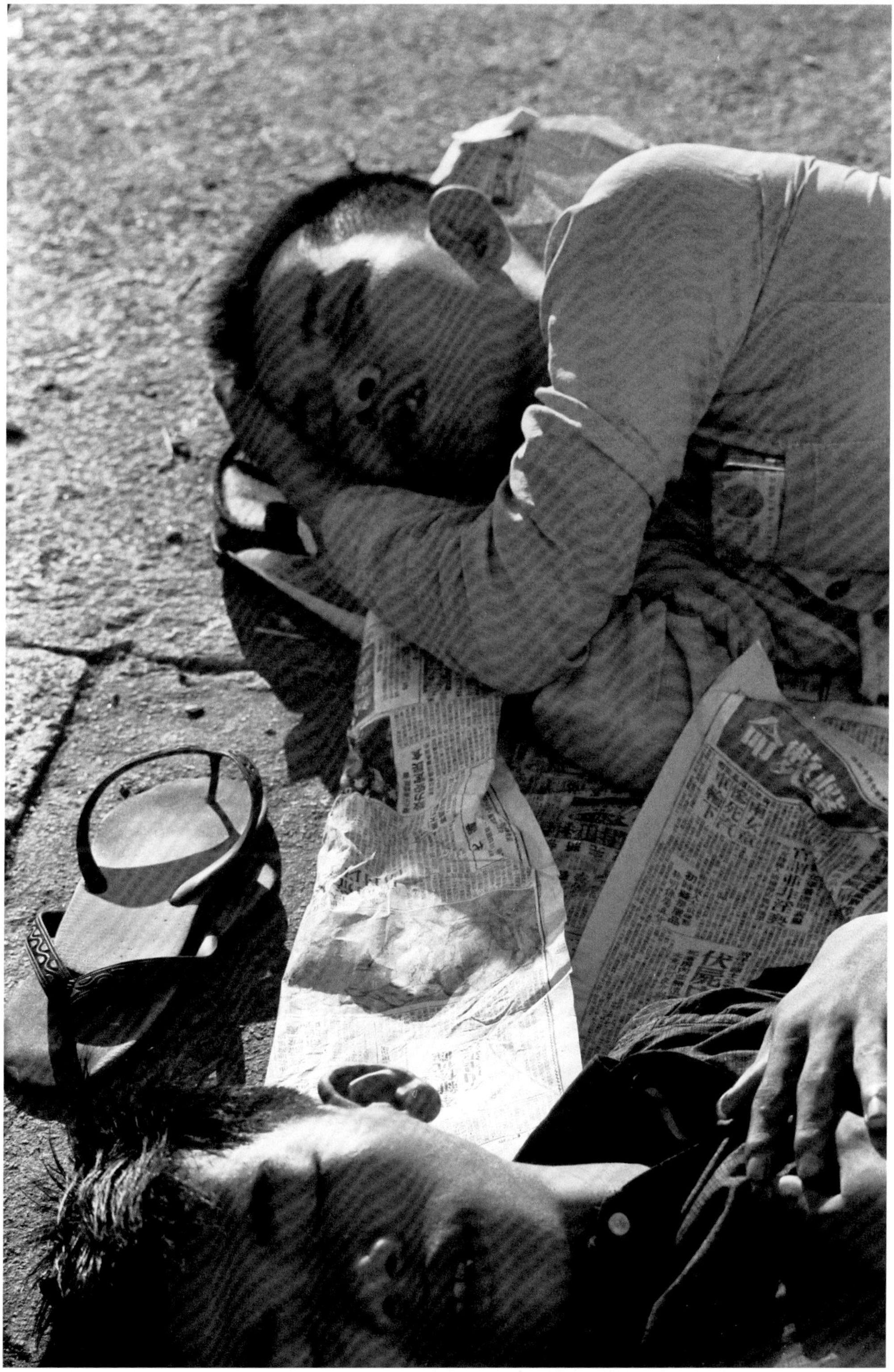

第八章

鄉郊與市區

香港山多，市區只佔整個香港面積的六分之一左右。由於地理特點和政府對土地開發的嚴格控制，城鄉之間始終存在明確的界線。香港千多平方公里土地上，早期大部分也是山嵐、鄉村和田園。1970 年代香港經濟起飛前，大部分區域的鄉村田園風貌更為典型。

1960 年代，香港主要市區在港島和九龍，中西建築環抱維多利亞港，一派青山碧海、中西文化交融的城市風貌。自 1970 年代起，香港以驚人速度崛起，城市與人口增長的矛盾達到了空前程度，於是政府開始在新界建設新市鎮。正因為山多，使香港市區之間產生了適當的疏密分割，密集的高層建築與周圍起伏的山嵐，形成了緊湊和舒朗的鮮明對比。

香港人口主要居住在市區，市區人口密度超乎尋常，居住空間逼仄，環境嘈雜。香港在土地集約利用和城市交通效率方面，均達到了極致。

▲ 1960 年代，攝於飛鵝山與大老山之間，觀望遠方海景

▶ 1980 年代末，從獅子山俯瞰九龍半島。

▲ 元朗的田園風光，1960 年代。

▲ 客家村莊農作情況，1960 年代。客家婦女自古以來就下地幹活，自古不裹足，習慣赤足幹活。

▶ 新界錦田山嵐和田園，1960 年代。

第八章 鄉郊與市區

◀ 元朗鄉民勞作情況，1960 年代。

▲ “新風”旅行團在新界元朗清快塘古村留影，1972 年 2 月。

第八章　鄉郊與市區

◁ 清快塘古村中勞作的客家婦女，1972 年 2 月。

▲ 新界元朗的牛隻，在山水田園之間憩息。

▲ 在山村曬果皮的作坊，1970 年代。

▲ 新界元朗八鄉鄉村的多子家庭，1960 年代。

▶ 九廣鐵路大埔墟火車站上候車的乘客，1970 年代。該站於 1913 年落成，車站饒富中國傳統建築特色。車站於 1983 年停用，修葺後改建為香港鐵路博物館。

▲ 在貧民區寮屋上舉起了“高舉毛主席思想偉大紅旗奮勇前進”的標語。

▶ 港島大坑寮屋區，1960 年代。1949 年，大量人口從內地湧入香港，寮屋數量激增。1953 年，石硤尾寮屋區的一場大火，一夜之間令五萬居民無家可歸。政府之後開始有計劃地建設公屋，安置寮屋戶。

鴻發士多

▲ 筲箕灣愛秩序灣避風塘，1960 年代。

▶ 1970 年代初，高樓大廈林立的市區，居住環境擁擠，本來廣闊的天空只剩“一線天”。

電器
聯興建築材料

◀ 上環老城區內街一角，1970 年代。

▲ 大澳清幽的街道，1970 年代。

AE 5966

◀ 香港某拆建工地，1960 年代。圖中的載重車是英國柯士甸（Austin）汽車車廠生產的，當時香港的市政工程和公共交通工具絕大部分使用英國產品。

▲ 1980 年代，新界屯門。前邊是眾多艇戶，後邊是政府興建的公屋安定邨。圖右有一所順德聯誼會胡少渠紀念小學。

▶ 1980 年代，從九龍尖沙咀看港島，遠處是太平山。

▲ 1980 年代，從九龍尖沙咀望港島。圖右上添馬艦碼頭邊的長方體建築是當時的英軍司令部，現在是中國人民解放軍駐港部隊總部。

HYF

代跋 再見理想

人頭湧湧，故宮的暖牆打着秋陽，和金幣同樣的光亮。我和曾憶城[1]兄弟在故宮裏花了一個上午，在樹木山石中尋找一點庇護與慰藉。我們知道，以這中國的心為心，四圍高樓，千街萬巷，正湧起巨大的消費泡沫，一如數十年前的香港，十幾年前的廣東，現在輪到皇城宮牆遙對鳥巢鴨蛋挺着倔強的紅臉。而此前之前，這裏是另外一片紅色，一人舉臂，萬眾癲狂，如翁乃強先生[2]擱在"798"的那幅照片一樣。天，真的變了……天若有情天亦老……天翻地覆慨而慷……我們知道此時，貧寒、痛苦、莊重的中國攝影人(那些真正的同道們)也裹挾進來，在一個大廳裏，都像多收了三五斗的農民，沉默而心悸地等待着與國內外市場專家見面。我們剛從那落荒而逃。"遍身羅綺者，不是養蠶人。"我們選擇告別，細看故宮，以此告別古老的變異了的帝京，和舊的時代。可惜故宮裏不見宋元山水畫卷。

邂逅香港紀實影像

在市場和生活兩方面都落魄難解的兩個傢伙登上了火車。回廣東去也，正是"一封朝奏九重天，夕貶潮陽路八千"。此行最快樂的，莫過於攝影。我依舊不厭其煩地向憶城吹噓，在廣州棠下村(就是陳衍寧[3]所繪的毛主席去過的棠下)樓頂文斗兄[4]的居處看到幾十年前一個香港老人底片的情

---

1 曾憶城，中國攝影家，於廣州美術學院畢業，曾於媒體任職攝影師，現為職業藝術家。2001 年起多次參加國內外重要的當代藝術展及影展。——編註

2 翁乃強，中國攝影家，1936 年於印尼雅加達出生。1963 年於中央美術學院畢業。現為中國美術家協會會員、中國攝影家協會會員。——編註

3 陳衍寧，中國畫家，1945 年於廣州出生，1965 年於廣州美術學院畢業。現為中國美術家協會會員、美協廣東分會常務理事、廣東省文聯委員。——編註

4 即顏文斗。——編註

況。這兩年來，我常與文斗兄合住，他這裏放着幾個大袋子，裏面都是密密麻麻的小袋裝底片，文斗兄正在為這個老人編一本紀實香港的書稿。我們也時常笑談起老人家一些擺佈的鏡頭，作為一種精神娛樂，有時也拿出來看一看。我向憶城兄弟複述那一張張畫面，敍述那一種種手法，只恨沒有圖像。曾憶城也很興奮：“我們回到了就去看底片嘛！”我很高興。他是很時尚的情境設置攝影家，作品指向未來，對畫面美感有極致要求，由他來考量老人的攝影，堪稱嚴苛，也可驗證我們是否偏愛過頭。我們建議文斗兄就此設立工作室，他也滿口答應。在困頓之中，我們又彷彿看到一片藝術的光芒，決定投身其中。這對於忙碌而自我的我們來説，看上去是一件很奇怪的事情。

兩日之後，曾憶城扛着大燈箱，我找來一個小燈箱，文斗兄也弄了一個，在他樓頂加蓋的鐵皮屋中，一字排開，一連兩天，面對這個八十八歲老人的作品。蒙敏生，香港左派攝影師，出生廣東，少時赴港。一輩子做公司職員，一小段時間做過電影公司的攝影師，大多處於業餘攝影狀態，曾為《攝影畫報》等供稿，但在香港攝影界不屬於有名者。1980 年代香港攝影人分化，他置身於紀實為主的一邊，遠離沙龍趣味。除了 2006 年在連州有一個簡單的記錄香港左派的展覽，平生未有個展。為了表一顆紅心，他把兒子蒙嘉林自小送到廣州生活成長，現在也是攝影師，一個嶺南市井文化學者。蒙敏生的底片就是蒙嘉林近年從香港一次次設法帶回廣州的。文斗兄也於 2006 年去香港拜訪過蒙老，老先生已説不清拍攝過甚麼，只是身邊有台相機，總背着一個破攝影包，攝影完全是一種生活的方式。到現在，老人已住進醫院，嘉林説，病危通知書已下過好幾次了。

為海量圖片分類

這種情況下，我們只有通過底片，來了解他的攝影和攝影觀念。這些底片構成了一個王國，基本上裝在一個個沖印袋和片袋裏，均是紙質，光這些發黃的各個沖印店的包裝紙就可收藏展覽。底片規格主要是 135 和 120，120 數量少一些，黑白與彩色兼備，彩色又少一些，紀實佔大部分，擺佈大約四分之一，少很多。總體來看，我們看重這“少”的部分，因為這是要多花錢、講質量的部分，不少反覆拍攝，應該恰是老人珍愛的部分。因為圖片海量(雖然只運來他一生一半底片)，而又因連州攝影節在即，我們決定只看 120 部分。在幾個月與文斗兄看過的基礎上，我們又瀏覽一遍。很明顯，蒙敏生的攝影不執一端，種類豐富，每一個種類都可以做成一個展覽，大體如下：

一、紀實類

1. 記錄香港左派活動，這是主體。比如學生學農、街頭懸掛革命標語、宣傳毛澤東思想等，令人驚奇地反映了香港的“文革”餘波，是珍貴的史料；
2. 記錄香港民生，尤其是低下層人民生活，這也是左傾文藝的體現；
3. 在香港郊區採風照片，應該是和好友一起出行拍攝，風景多於人物。這一類別中有沙龍影子，但不明顯，有不少傑出而有意味的作品；
4. 珍貴的內地“文革”場景。

二、肖像類

1. 影室美女肖像；
2. 室外美女掠影；
3. 片場情境劇照；
4. 舞台演出，以紅色戲劇居多，抓拍人物與動作；
5. 婚禮合影，類似姜健[5]的《場景》。

三、情境設置擺拍類(均與內地紅色場景有關)

1. 影棚擺拍人物造型，比如遊擊隊員、非洲人員砸碎舊鎖鏈、學毛著等。均需置道具、僱模特、化裝，大多還要請畫家畫背景；
2. 室外擺拍人物造型與故事，比如在郊區拍攝的少數民族遊擊戰士造型，在郊區拍攝紅小兵、革命遊行(也可視為利用左派活動而擺佈的半紀實作品)；
3. 室內擺拍陶瓷人物，畫有背景；
4. 虛實結合的擺拍與拼貼。比如陶瓷人物，背景上卻是真人“合演”，或者背景是真人的照片。

手法之多樣，影像之豐富，真可謂洋洋大觀矣。我們越看越不敢看，越看就越覺得老人在當年和我們這些後生開了一個又一個巨大的玩笑，他幾乎把而今當代藝術範疇的攝影手法試驗了一

5　姜健，中國攝影家，1935年於河南出生。現任河南省藝術研究所攝影藝術工作室主任、中國攝影家協會會員、河南省攝影家協會副主席、河南省藝術攝影學會會長。——編註

遍。我們透過燈箱，常常會壞笑："噢！這張像翁奮[6]的！噢！這張像邱志杰[7]的！"其實這話應倒過來說。還有類似於姜健的（婚禮"囍"字下的合影）、王慶松[8]的（看世界地圖那張）、王寧德[9]的（想起some days的室外部分）、蔣志[10]和我本人（公仔部分）……不過沒有類似於郎靜山[11]、洪磊[12]那種取法傳統資源的，老人還是在當代獲取紅色資源，這就是大主題。我曾經認為，所謂"新攝影"其手法早在1980年代就由蕭萱安[13]、余海波[14]等人開創過，沒想到蒙敏生先生在1960年代就上演了。雖然手法不等於內容，但要知道在當代藝術現代藝術中，手法本身即是內容一部分，甚至是藝術本身。

連州攝影展

老人家至今無名。當代藝術風華正茂。看片過程中我們於是向段煜婷女士[15]匯報，當時已過報名時間，老人家仍然獲得在連州的展席。毫無疑問，我們傾向於首先提取奪人心魄的、最富想像力也最具打擊力量的革命擺拍部分，因與當下藝術樣式可以對應研究，策展不如此，不是策展人，何況這也是老人當初最花力氣與金錢之處，亦必為老人所看重。一輪輪淘汰，還剩很一致的

---

6 翁奮，中國攝影家，原名翁培駿，1961年海南出生，1985年於廣州美術學院畢業。九十年代起，創作了大量攝影作品。——編註

7 邱志杰，中國藝術家與策展人，1969年福建出生。1992年於浙江美術學院畢業。現為中國美術學院跨媒體藝術學院教授。——編註

8 王慶松，中國攝影家，1966年湖北出生，1991年於四川美術學院畢業，參展過國內外羣展，作品被多個基金會及美術館收藏。——編註

9 王寧德，中國攝影家，1972年遼寧出生，1995於中國魯迅美術學院畢業。——編註

10 蔣志，中國藝術家，1971年湖南出生，1995年於中國美術學院畢業，是九十年代中國實驗藝術背景下的重要影像藝術家。——編註

11 郎靜山，中華民國極負盛名的攝影家，1892年江蘇出生，於1949年遷居台灣。——編註

12 洪磊，九十年代中國新攝影運動代表藝術家之一。1960年江蘇出生，1987年於南京藝術學院畢業。1996年起，開始嘗試使用攝影作為藝術表現的方式。——編註

13 蕭萱安，中國攝影家及藝術家，1960年於武漢出生。大學本科學歷，現為中國攝影家協會和中國當代攝影協會會員。——編註

14 余海波，中國攝影家，1962年河南出生。1989年於中國武漢大學新聞系畢業。中國新聞攝影學會理事、中國攝影家協會會員。——編註

15 段煜婷，山西出生，連州國際攝影年展藝術總監，長期擔任多個國際重要攝影獎項評委及攝影節策展人。——編註

十多張，幾乎定稿之時，憶城兄弟再次闡明他對美人的偏愛——他是一個對美的形式有極致追求的攝影家。在他看來，這沒有甚麼不可以擺在一起的，很好嘛。我們也認為，美人肖像也是大量的，這和革命擺拍構成了他生活的兩面，反映了 1960 年代、1970 年代的花樣年華，這也使香港左派和左派活動與內地不同，甚或有本質的區別。於是決定兩者各半，因費用所限，忍痛只做十餘張。文斗兄當時還提出，展場佈置時，拿手槍的女戰士應與持洋娃娃的旗袍美人相鄰，這也是很精彩的觀點。

曾憶城和我監督着掃描與出片，這時更感覺到蒙先生技藝的精良。彩頁多有霉點，不過這一種時間性我們沒有修掉，至於黑白，底片很好，不少底片完全用不着軟件修飾。12 月初，我在連

▲ 香港左派團體一次戶外文藝表演。

州糧倉為其佈展，因展框小了幾厘米而需要裁片。這時常河[16]、楊長虹[17]幫了半天忙，腰都直不起來，段女士指派了較大的展場。我想這都是折服於老人的影像魅力。最後眾望所歸，《革命與浪漫》獲得金獎。段女士説評委幾乎一致通過。這是令人尊重的評選，因為大展中尚有翁乃強、蔣少武[18]、朱憲民[19]諸先生的傑出作品，都是紅色記憶題材，評委選取了蒙敏生，説明他們的目光越過了珍貴史證，落到了藝術想像力上面。這是需要勇氣和眼光的。這種魄力使連州展在各個攝影節中獨樹一幟。12 月 10 日，蒙嘉林代老父上台領獎，令人感嘆的是，蒙敏生先生還在醫院中。他這個肇始者，不會明白這一切。

時間與地點的獨得因素

蒙老先生由是到人生暮年，在攝影界陡獲大名。除了來自沙龍的細微喧嘩之外，在讚美聲中，我們格外注意質疑的些許聲音，這也包括我們自己的質疑。任何質疑對於一個四十多年前的先行者來説，都是苛刻的，然而對於攝影史和當代藝術史是負責的，必要的。這不是質疑他應否得獎，是否攝影名家，而是以大師級標準來考量。首先，這一次成功，是否只是策展人找到的幾張碰巧的作品。這一點是可以否認的，原始底片中擺拍的底片僅 120 已數以百計，135 可能更多。其次，時間的因素究竟有多大？我認為，四十年的時間因素確實增添了額外的魅力，比如現在的青年們就對當年健康、明朗的美人們讚不絕口，但是，我們權且把這些影像當作今日所作，我們也可看出，從佈景、燈光、構圖、內涵、手法各方面，也是不輸當今名家的，僅打燈技術就令不少青年攝影家嘆為觀止。那張旗袍美人和另一張未展出的風衣女子，展現了極複雜的情緒和希區柯克式[20]的情境，是紅色理想之外往都市人性方向的挖掘。

另外，地點的因素有多大？地點無疑使蒙敏生的作品多具一兩重魅力。他無法全力投入“文

16 常河，上海出生，現為上海《東方早報》副總編輯，紀錄片導演。2007 年度荷賽自然組照二等獎得主。——編註

17 楊長虹，中國攝影家，1979 年貴州出生，歷任報刊攝影記者，現為真實視覺行政總裁。——編註

18 蔣少武，中國攝影家，1932 年山東出生，現為遼寧省政協委員、中國攝影家協會理事、中國攝影家協會遼寧分會副主席。——編註

19 朱憲民，中國攝影家，1943 年山東出生。1965 年於吉林省藝術學院畢業，歷任中國攝影家協會第六、第七屆副主席，中國藝術攝影學會執行主席等。——編註

20 港譯希治閣（Sir Alfred Hitchcock）。——編註

革”。於是想像“文革”，於是在複述紅色場景之外，透出了“香港製造”的因素。他更看出了一些西方的背景，這是香港觀點，是較為健康、時尚的國際紅色理想畫面，這使其作品境界大開，隱含“內地－香港－西方”（合為“全球一片紅”）三層空間，於是一張影像，彷彿立體多維，可供進退玩味。所以，地點的因素很重要。但是僅有此地點，也可以隨大流搞沙龍，也可以趕時髦只搞紀實。偏偏他要導演一番，不停嘗試新方法，可見其藝術家的個性。當然，我們可以視這種多層效果在蒙先生意料之外，是不得已而為之，但我們剝離這一層，只當這些照片是一個內地人在一個內地的暗角拍攝的，它不也以其手法傲視同儕嗎？剝去“香港附加值”，當然還是大手筆。然而我疑心老人當初有意利用了這一點，那就更不一樣了。

考慮到香港左派是一個羣體，那麼還要問一句，這是羣體創作，還是一人所為？通過看底片，我們發現有少量作品也有他人鏡頭，肯定有羣體合作的時候。不過，蒙嘉林兄知道一些照片的創作經過，比如非洲人民在怒吼那張，就是老先生在廣州觀看了政治遊行的造型，馬上買了衣服等道具，回香港拍了一張……

製造理想國的藝術家

另一個重要的問題是，這是奉命宣傳？無意而作？這在紅色攝影中，是一個嚴峻的問題，忽視這個問題，我們可能把宣傳當作真實，把一個跟風者當作先知先覺之士。我相信，至少在連州出現的蔣少武先生經得起這個拷問，他由是備受尊重。至於蒙敏生，奉命他談不上，但無疑傾向內地，有政治熱情，有宣傳意向。這並不特別重要，重要的是他是自我的有意而作，有選擇的自由，有想像的自由，因此他成為手法與形式的名家，也堪稱一個製造理想國的純粹的藝術家。

不少人說道，這樣一來，那時我們流行的擺拍也都是藝術了。我想他的攝影絕非內地的簡單的奉命擺拍能形容。他是變想像為“現實”，你明白他是創作，我們是變現實為虛假，要你相信這是新聞。高下立判。單看其紅色擺拍，似乎都是模仿內地宣傳巨畫而作。但看了這麼多，有重要的一點，是看不到或不展現“文革”暴戾的一面，一張都看不到。他是常回內地的人士，他這樣做應是有選擇性的，是塑造一個明亮、單純、美好的紅色社區。更重要的是，他有大量對美人的擺拍或古裝劇照，有對深思與漫步的風景抒情，這與前者結合起來，我認為他在構思一個香港主場的紅色理想國。他的複雜手法和完美效果，說明了他有強大的想像力，置諸 1960 年代，驚為天人。他的影像場景更複雜，有優雅、優美的一面，人物健康、洋氣，理想化色彩更重。革命與美人，構成了格瓦拉式[21]或説法國式的古典左派美學觀，這與內地是有莫大區別的，是不含毒素的正常的理想主義。我向來認為，一位藝術家的最大成就即塑造了自己的理想國，蒙敏生無疑致力於此。當我們這幾個目睹其作品時，無不恨無其門而入。由此才算理解有幾個作家為何懷念紅衛兵時代，那確實含有理想主義與革命浪漫主義。我很想就蒙敏生而懷念，借紅衛兵就多少有些所托非人了。

觀念攝影的針對性

據説，當代藝術或觀念攝影必須具備一種當下針對性，必須提出問題。我想最好的藝術是超越時間的，這種針對性可能是間接的、隱晦的，蒙敏生也不可能對“文革”、“左派”提出強烈質疑（但這些年他並不願意回憶當時，對整人等也是反感的），當時時代幾無一人可作此種質疑，不過，我們不能否認他另一種強烈的針對性，即因應毛澤東思想而針對資產階級與自私自利，更針對着香港資本主義體制與殖民統治。於香港製造大量紅色圖景和記錄底層，本身就有批判現實的目的。這種針對性也和我們現在針對的消費社會一樣。他針對的是更大一種古怪的統治世界的東西，他的一生由此一脈相承一以貫之，非常堅定。據蒙嘉林説，1997 年 7 月 1 日凌晨，老先生裝上樂凱彩色膠卷，站在邊界上冒着傾盆大雨拍攝駐港解放軍進城，邊流淚邊拍。對他而言，這不是進駐，而是解放。

蒙老先生的理想主義，是對崇高的維護。我想左派價值觀的精髓，其實是人類的終極價值，只不過在操作的層面上，缺乏西方式的體制來維護，平衡，寬恕。由此又想到當代藝術界解構崇高的流行，躲避崇高的曾經流行，反文化進而世俗化的傾向。這曾經促人深思，但在消費泡沫覆蓋神州的今天，似乎有些過時。推及本源，當代藝術仍應服從於古典藝術價值觀，應有宗教意義上的高度。真正的崇高何必解構？真正的藝術家又何必躲避？建構又如何不如解構？文章為甚麼首先不是道德？純粹又怎麼一定不屬於人間煙火？！

人間煙火……在當今中國這片九派無極的精神荒原上，我們每個攝影同仁，低眉俯首，反躬自身，是否充滿傷痕？

21　港譯哲古華拉（Che Guevara）。——編註

關於蒙敏生先生的“拷問”就到這裏。以後我們會有他更多的資料和影像發掘出來，對他應用當代藝術觀來評價只是開始。然而說到此處，我也疑心這種評價標準還有多大意義 —— 因為其純粹、其理想、其形式、其手法、其風格不僅等而下，而且不在話下。故而因理想而有手法，不是因手法而有藝術，更不是因手法而有市場。純粹至極，則手法眾多。我們不少人也多少這樣創作過，知道對遠方的渴望，對終古的凝視，對現實的痛絕，對天堂的嚮往，其壓抑之深，需求之切，自會生出手法來。當代藝術與攝影手法層出不窮，如同一場智力競賽，也許有些過。重要的還是“立心”，以自心而為天地立心，此心彼心不惹塵埃。以此標準來衡量當代藝術，搞不好眾生皆散，一片安寧。

再見了，蒙老先生的理想。觀看前輩的片子，我們感覺很舒服。我們又再見理想。老先生，雖知道希望不大，我們還是祝您早日康復。這裏是《中國攝影》。這裏是首都北京。

顏長江

（註：原載《中國攝影》2007 年第四期，小題為編輯所加。）